VIE

DE

NICOLAS POUSSIN.

VIE
DE
NICOLAS POUSSIN,
CONSIDÉRÉ COMME CHEF
DE L'ÉCOLE FRANÇOISE;

PRÉCÉDÉE
D'UN PRÉCIS HISTORIQUE DES PEINTRES FRANÇOIS,
DEPUIS LE REGNE DE FRANÇOIS Ier JUSQU'AU REGNE DE LOUIS XIV;

SUIVIE
DE NOTES INÉDITES ET AUTHENTIQUES SUR SA VIE ET SES OUVRAGES,

PAR P. M. GAULT DE SAINT-GERMAIN;

ET
DE SON OEUVRE COMPLETE,
DESSINÉE ET GRAVÉE EN TAILLE-DOUCE,

PAR MM. MASSARD, PERE ET FILS.

A PARIS,
DE L'IMPRIMERIE DE P. DIDOT L'AINÉ.
CHEZ PERLET, LIBRAIRE, RUE DE TOURNON.
M. DCCCIII.

VIE DE NICOLAS POUSSIN,

PEINTRE FRANÇOIS.

La vie d'un grand homme qui ne doit sa célébrité qu'à la nature et à son génie, qui sans cesse aux prises avec la fortune sait maîtriser les évènements lorsque tout semble conspirer contre son élévation, est un monument précieux pour la jeunesse qui s'engage dans la route de la gloire.

Pline en nous peignant les traits du génie, les malheurs, et la simplicité des mœurs de Protogene, aux yeux de la postérité en a fait l'image de la vertu: la vie du Poussin offre un aussi bel exemple; comme celle de l'artiste grec elle est l'école du grand peintre, du sage, et du philosophe.

L'éloge du Poussin est une tâche imposante qui appartient à la nation qui s'honore d'avoir donné naissance à un nom si illustre. Que n'ai-je l'éloquence et l'énergie du censeur des Romains dans les beaux arts pour traiter dignement un sujet si grand! mais, si j'ose entrelacer quelques palmes de la gloire sur les vertus et les chefs-d'œuvre de ce grand homme, c'est pour adresser à l'avenir le tribut de mon admiration pour un nom qu'on ne prononce qu'avec un profond respect. J'invoquerai la vérité; j'invoquerai la justice éternelle qui pese le mérite et les actions de ceux qui laissent une grande mémoire après eux; je suivrai les veilles et les méditations du célebre artiste lorsqu'il interrogeoit le cœur humain pour en tracer sur la toile toutes les affections; je m'environnerai de ses travaux, du petit nombre d'hommes qui furent témoins de son courage et de sa moralité; alors je répéterai avec la Renommée, Voilà le profond penseur qui fut *le peintre de la raison et de l'esprit;* voilà l'homme que l'art attendoit pour son triomphe!

PREMIERE PARTIE.

Les fléaux qui désolerent la France dans le seizieme siecle, et l'anarchie dans les grands du royaume qui en fut la source, en causant le malheur des peuples firent encore la ruine de presque toutes les familles. Ceux qui, dans la profession des armes, suivirent la destinée des princes ambitieux et cruels qui regnerent dans cet espace de temps, furent victimes par tous les genres de sacrifices; tel fut le sort de J. Poussin, gentilhomme, originaire d'une famille aisée de Soissons.

Après avoir servi en qualité de capitaine dans le régiment de Tavanes, sous les rois Charles IX, Henri III, et Henri IV, il se trouva réduit à vivre dans la plus grande médiocrité au fond d'une petite province.

Après la prise de la ville de Vernon, où il étoit réfugié, Jean Poussin épousa Marie de Laisement, veuve d'un procureur de la même ville, nommé Lemoine, et de laquelle il eut Nicolas Poussin, au mois de juin 1594. L'état d'obscurité où les circonstances avoient plongé cette famille mûrit de bonne heure l'esprit du jeune Poussin: la raison chez lui devança l'âge; il en donna des preuves par une grande application pour l'étude; il manifestoit sur-tout un penchant insurmontable pour le dessin. Le génie s'annonce dès les premiers pas de l'enfance; aussi le Poussin fit connoître son talent dès que sa main fut assez forte pour tracer des lignes.

Cette inclination pour la peinture, que ses parents n'envisageoit que d'une maniere vulgaire, les alarmerent; mais les reproches et les moyens qu'ils employerent pour l'en détourner furent inutiles. Varin, peintre, fut le premier qui devina le génie du Poussin (1); il s'en empara avec l'agrément de ses parents; son éleve répondit à ses soins, et ses progrès furent rapides.

Lorsque le Poussin eut atteint l'âge de dix-huit ans, il réfléchit au prix dont on achete les connoissances d'un art aussi étendu que la peinture; sa province lui parut trop stérile pour suivre ses études, il résolut de quitter son pays, et, sans en donner communication à ses parents, il se rendit à Paris. Déja doué d'une solide vertu et d'une prudence consommée, il comptoit sur l'intérêt qu'inspire la jeunesse laborieuse pour s'attirer l'estime des gens de bien. Il ne fut point trompé dans ses espérances: la rencontre qu'il fit d'un jeune homme de qualité qui se trouvoit à Paris pour suivre des cours d'études fut pour lui d'un heureux présage; le jeune amateur des beaux arts lui ouvrit sa bourse et son cœur, et le mit à même d'étudier sans inquiétude. Le Poussin ne fut pas également heureux du côté de ses maîtres; il se confia successivement, dans l'espace de trois mois, à un nommé Ferdinand, peintre de portraits (2), et un nommé l'Allemand; mais les vues qu'il se proposoit dans la peinture étant bien au-dessus de leur capacité, il les abandonna. Ses manieres douces et prévenantes lui mériterent l'estime de plusieurs savants et amateurs. il en profita pour s'introduire dans les galeries; il y copia de bons modeles; on lui prêta de belles et rares estampes d'après Raphaël et Jules Romain, il les copioit dans la plus grande perfection: il essaya son génie dans la composition; et les premieres pensées qu'il mit au jour rappeloient tellement ces deux grands maîtres, qu'elles sembloient avoir été créées dans leur école.

Le Poussin fut bientôt arrêté, dans une si belle route: le départ du jeune amateur qui l'aidoit dans ses études en fut la cause. Celui-ci, obligé de retourner dans le Poitou sa patrie, engagea le Poussin à le suivre, lui promettant d'exercer ses talents naissants dans les travaux qu'il projetoit pour l'embellissement de son château. Le Poussin sentit que, dans l'état de dénuement où il se trouveroit à Paris, sans secours et sans appui, il ne pouvoit mieux faire; il se détermina donc à quitter la capitale avec le plus grand regret, et suivit le généreux ami qui lui avoit déja donné des marques si éclatantes d'attachement et d'intérêt pour son avancement. Ce voyage fut pour le Poussin la premiere école du malheur. Arrivé en Poitou, son protecteur n'étoit plus qu'un enfant sous la tutelle d'une mere altiere et bornée qui, loin d'avoir l'éducation qu'on suppose dans les gens bien nés, n'en avoit que la morgue, sans aucun goût pour les beaux arts. La conduite qu'elle tint à l'égard du Poussin en est une preuve; elle l'accabloit des affaires de sa maison et ne prenoit aucune espece d'intérêt pour ses études. Fatigué des contrariétés et même des humiliations qu'on lui faisoit éprouver, il résolut enfin de s'en affranchir, après cependant les avoir supportées assez long-temps, et se retira du château. C'est alors qu'il fut contraint de travailler pour fournir à ses besoins

Un artiste à la fleur de son âge qui tout-à-coup se trouve obligé de mûrir son intelligence dans les bras de la nécessité, rencontre de grandes difficultés à vaincre; quelquefois cette mere impitoyable accorde ce qu'on ose espérer d'elle; heureux celui qui triomphe de ses faveurs! elles coûtent souvent à l'inexpérience, ou la vie, ou la réputation.... Fatal moment pour la jeunesse!

Dans cette circonstance, le Poussin n'eut d'autre espérance que dans son courage, il lui tint lieu de ressources: jusqu'alors il n'avoit retiré aucun produit de ses ouvrages: il falloit vivre; il s'exerça dans la province à peindre la détrempe et à faire des ouvrages qu'on lui payoit un très bas prix: ne voulant point perdre le fruit de ses premieres études, il trouvoit encore, après les fatigues du jour, le temps de satisfaire son ame, en confiant à la nuit ses méditations. Cependant à tant de peines et d'efforts d'esprit la nature ne put fournir; il pensa être la victime de son dévouement. Dans un état de langueur il se rapprocha insensiblement de Paris; il y arriva, mais si épuisé qu'il tomba dangereusement malade, et fut obligé de retourner aux Andelys, où il demeura environ un an pour se rétablir : les tendres soins de ses parents lui rendirent la santé. Sitôt qu'il sentit ses forces renaître, son génie de feu ne lui laissa plus de repos; il songea au voyage de Rome, et se mit en route. Arrivé à Florence, il fut contraint, par un évènement dont on ignore la cause, de retourner sur ses pas (3); il revint à Paris et se logea au college de Laon, où demeuroit Philippe de Champagne qui venoit de quitter l'Allemand que le Poussin avoit comme lui abandonné. Cette rencontre lia une espece d'amitié entre eux, et fit qu'un nommé Duchesne, peintre d'un talent médiocre, qui avoit entrepris les ouvrages de peintures du palais du Luxembourg , les employa tous deux, le Poussin à faire quelques petits ouvrages dans les lambris, Champagne à faire quelques tableaux dans les appartements de la reine. Le Poussin peu satisfait des travaux qu'on lui donnoit dans cette grande entreprise, les abandonna et fit une seconde tentative pour le voyage de Rome; mais cette ville des arts fuyoit toujours à ses desirs; il fut obligé de s'arrêter à Lyon, où il trouva de l'occupation. La peinture en détrempe qu'il avoit exercée dans ses malheurs lui fut très utile; il manioit ce genre avec une grande facilité, et en donna des preuves dans le trait suivant.

Jusqu'ici il ne s'étoit encore présenté aucune circonstance qui pût le mettre à même de se faire connoître avantageusement. La canonisation de Saint-Ignace et de Saint-François Xavier, que les Jésuites célébrerent en 1623, fut la premiere occasion marquante qui s'offrit en sa faveur. Les écoliers de leur maison, pour rendre cette cérémonie plus mémorable, formerent le projet de faire peindre les miracles de ces deux saints en six tableaux. Le Poussin fut appelé pour les exécuter. Dans cette heureuse entreprise il fit connoître l'étendue de son esprit, et se montra si habile dans l'exécution, qu'il ne fut pas plus de huit jours pour finir les six tableaux: cette promptitude ne lui permit pas d'en étudier les détails avec soin; il ne laissa pas cependant de l'emporter de beaucoup sur les plus célebres artistes qui travailloient en concurrence avec lui pour l'embellissement de cette fête. Ce succès inattendu est l'époque de la vie du Poussin, où il prit un rang parmi les artistes françois comme un génie rare.

Dans le même temps le cavalier Marini, célebre par ses poésies, se trouvoit à Paris; il se forma une haute idée du Poussin, se lia particulièrement avec lui, lui donna un logement dans sa maison, et se plaisoit à le voir travailler. Le Poussin composoit de charmantes esquisses d'après les pensées du Marini; inspiré par la même muse, l'imagination vive et la grande facilité du peintre s'accordoient avec la féconde et brillante imagination du poëte. Les sujets que le Poussin se plaisoit à composer d'après le poëme d'Adonis annonçoient à Marini cette fécondité et cette richesse de composition que son ami a répandue depuis dans tous les ouvrages qui sont sortis de sa main. Le Marini s'attachoit à entretenir dans l'ame du Poussin ce beau feu poétique qui produit des choses neuves et variées; il parloit de lui comme d'un prodige, et préparoit sa gloire dans tous les esprits.

Le Marini, accablé d'infirmités, pensa à s'en retourner en Italie (4) : il proposa au Poussin de l'emmener à Rome. Quelle heureuse occasion pour lui, qui, toujours courbé sous le joug du besoin, se consumoit en espérance de se rendre dans la patrie des arts! mais il consulte l'honneur, sa conscience; il a promis d'achever plusieurs ouvrages : le chapitre de la cathédrale de Paris attend de lui un tableau de la mort de la Vierge (5); il gémit, laisse partir le poëte, et fournit à ses engagements. Les devoirs de l'honnête homme remplis, il pense alors à rejoindre son bienfaiteur : son économie, ou plutôt ses privations, lui en font entrevoir l'espérance; il part : déja il a franchi les monts, il est à Rome *. Son imagination s'enflamme devant les chefs-d'œuvre que l'Italie offre par-tout à ses regards; il y retrouve Marini, ses vœux sont accomplis : mais le Poussin n'est pas encore arrivé au terme du malheur. Le poëte, dans un état souffrant, se disposoit à partir pour Naples : avant son départ il présenta l'artiste

(*) C'étoit au printemps de l'année 1624.

françois au cardinal Barberin, neveu du pape Urbin VIII (6), qui occupoit le siege pontifical, et lui recommanda en lui disant, *Vederete un giovane che a una furia di diavolo.* Par une suite de cette fatalité dont le Poussin devoit être long-temps victime ce prélat, obligé de partir pour ses légations, eut à peine le temps de le connoître; et le cavalier Marini mourut fort peu de temps après. Éloigné de sa patrie, sans secours, sans protecteur, qu'on se représente ce grand homme réduit aux horreurs du besoin! telle fut la situation du Poussin à son arrivée dans Rome. Doué d'une ame forte, il appela la philosophie à son secours, et y puisa des consolations: il se prépara des ressources; courageux, sobre, patient, il mit la main à l'œuvre. Ses ouvrages ne furent d'abord point estimés, quoique déja d'un grand mérite, parceque sa maniere de peindre n'étoit plus du goût qui régnoit: ce qu'il en retiroit suffisoit à peine pour le faire exister; il arriva même que les copies qu'on en fit se vendirent davantage que les originaux. On cite deux batailles qu'il fit à cette époque qui lui valurent tout au plus sept écus romains *; un tableau, qui représentoit un prophete d'une grande beauté, dont il eut la valeur de huit

(*) Pérault, Hommes illustres, page 89.

livres tournois; et enfin son fameux tableau des Philistins punis pour avoir enlevé l'arche de Dieu, qu'il vendit soixante écus, et qui depuis fut vendu mille écus au duc de Richelieu *.

Nous voyons jusqu'à présent le Poussin courir les hasards d'une existence malheureuse, toujours accablé d'inquiétude sur son sort, ne trouvant jamais le temps de satisfaire son ame, rebuté en quelque sorte des amateurs après la perte de ses amis et de ses protecteurs: mais telle devoit être la destinée de ce grand homme; sa modestie sincere et la simplicité de ses mœurs, en ombrageant ses brillantes qualités, rendoient toujours la justice lente à son égard. Né avec un caractere de réserve et d'un sang-froid qui le rendoit maître des passions qui portent aux grandes choses, il régloit son ambition selon les circonstances; dans son ame forte il trouvoit les moyens de dévorer les difficultés qui s'opposoient au but qu'il vouloit atteindre: il savoit le parti qu'on doit tirer du temps; pour l'employer utilement il se forma un plan de conduite, et dans les études immenses qu'il embrassa pour atteindre une haute perfection il est un modele unique dans les beaux arts pour la postérité. Accoutumé dès son enfance à se recueillir et à méditer, le

(*) Felibien, tome 2, page 316.

projet de refondre entièrement son éducation dans un âge où l'on doit en être effrayé lui parut possible; son génie soutint son courage et sa constance, et il dépassa même le but qu'il voulut atteindre.

Depuis Léonard de Vinci et les grands hommes qui lui succéderent la peinture avoit déja perdu de sa splendeur, lorsque les Carrache, un siecle après, vinrent la réparer en jetant les fondements d'une puissante école, où toutes les parties de ce bel art furent pour ainsi dire complétées; mais ce reflux de l'esprit humain ne fut pas de longue durée. Le Poussin parut en Italie lorsque la nature commençoit à s'épuiser une seconde fois: déja on négligeoit toutes les parties indispensables et les plus essentielles de l'art; le triomphe de l'illusion ne s'obtenoit plus que par les subtilités de l'habitude et de la pratique, et l'expression dégénéroit en gentillesses et en afféteries (7): tel étoit l'état de la peinture en Italie sous Pietre de Cortone et le chevalier Lanfranc, contemporains de notre illustre chef de l'école françoise.

Le ciel, en confiant au Poussin des lumieres infinies, avoit encore placé dans son heureuse imagination le type du beau idéal; et pendant que les amateurs romains se partageoient en factions pour idolâtrer des talents qui tendoient à l'affoiblissement de l'art (8), sous la main de ce génie on voyoit s'animer des beautés héroïques et des beautés agrestes qui pénétroient l'ame de ses admirateurs d'un sentiment tendre et profond. Les images fortes, riantes et sublimes exercerent tour-à-tour son pinceau pour créer des tableaux où l'on voit le cœur humain dans tous ses points de vue, et une belle imitation de ce que la nature offre de plus parfait dans ses immenses variétés : mais, peu sensible aux applaudissements d'une admiration passagere, que n'a-t-il pas souffert, avant de triompher, des épreuves de l'infortune et des caprices du goût!

Quand le génie se montre pour éclairer son siecle il surmonte tous les obstacles, et la lumiere qu'il répand pénetre toujours le voile dont l'esprit humain s'enveloppe dans sa décadence. Le Poussin, doué d'une pénétration sans borne, à plus de la moitié de sa carriere regarda d'un œil fixe la gloire de Raphaël, et comme un aigle il s'éleva jusqu'à elle: il voulut atteindre les beautés sublimes de l'antique, et il est le seul peintre parmi les modernes qui en ait soutenu le style et la pureté, et le seul qui l'ait soutenu plus également et plus long-temps, sans que les mœurs et les costumes de son siecle aient jamais pu altérer l'excellence et la justesse de son beau génie (9).

Le Poussin, toujours solitaire au milieu de Rome, sentit cependant le besoin d'ouvrir son cœur à l'amitié : il se lia insensiblement avec l'Algarde et François

Flamand (10); il reçut de ces deux savants sculpteurs, quoiqu'eux-mêmes peu fortunés, des secours et des conseils. Le besoin que ces trois amis eurent dans la suite l'un de l'autre fortifia leur union; et afin de se communiquer plus facilement ils logerent ensemble: il n'y avoit plus de repos pour eux, tous les moments étoient consacrés au travail; une partie du temps pour fournir à l'existence, et l'autre pour l'étude, ou à visiter les galeries, et à s'éclairer mutuellement en observant les ouvrages des grands maîtres. Le Poussin s'attachoit toujours à Raphaël; en société avec ses amis, il cherchoit à définir d'où dépendoit cette grace douce et divine, et ce caractere unique et toujours égal dans le beau et le sublime que l'on retrouve dans toutes les productions de ce grand homme: ils en trouverent la source dans les figures antiques dont les vignes de Rome étoient ornées; elles furent leur école; ils les dessinerent et les mesurerent ensemble. Le Poussin s'y retiroit souvent seul; là, à l'ombre des feuillages qui le déroboient à tous les yeux, il méditoit sur ces chefs-d'œuvre la source de toutes les beautés et de toutes les graces, ou bien, dans les jouissances d'une étude moins sévere, attentif aux effets de la nature, il en étudioit les phénomenes. Rien n'échappe à la vue ni à la pénétration du peintre philosophe dans ces moments délicieux; il observe avec soin la végétation et les différents sites qu'adopte chaque espece d'arbres et de plantes; promene ses regards sur l'horizon que terminent de riches coteaux; suit l'homme de la nature dans ses travaux, ses fêtes pastorales, et repose sa vue sur les troupeaux et les pasteurs, l'ornement des vertes prairies; il médite sur le profond silence des solitudes: son ame s'agrandit à l'aspect des antiques convulsions de la nature; les eaux, après avoir roulé impétueusement leurs flots argentins de rocher en rocher, fertilisant dans un cours tranquille les plaines de Cérès et de Pomone, en agitant son ame sensible, réjouissent encore sa vue; il prête l'oreille aux voix lointaines lorsque les évènements qui causent le malheur ou la joie se dérobent à ses regards, et dans l'écho qui répercute les sons il calcule l'espace pour connoître le point d'arêt où l'air cesse de les renvoyer: il recule sa pensée dans la nuit des temps, en observant les ruines de la grandeur romaine qui décorent encore si majestueusement les villes et les campagnes de l'Italie: le ciel s'obscurcit, les vents portent le ravage, l'éclair fend la nue, la foudre tombe en éclats; son œil actif saisit par-tout dans l'abyme l'expression de la peur, de l'effroi, et les vains efforts de la nature luttant contre le cours des destinées.

Tous ces tableaux se calquent dans son esprit: c'est dans cette contemplation active que le Poussin est parvenu à composer si noblement le paysage. Quel est l'homme dans cette partie de la peinture qui a plus savamment que lui allié les vérités physiques aux vérités sublimes? Ah! pour louer dignement les paysages du Poussin, il faut les regarder comme des petits abrégés du grand œuvre de l'Éternel, où l'homme se voit peint avec ses vertus et ses vices, sa félicité et son néant.

Dans le style agreste, où le Poussin rappelle les siecles poétiques, il n'eut en peinture ni modele à suivre, ni rivaux à combattre; uniquement attaché à la nature, elle fut son guide, et pour lui une source intarissable jusqu'au dernier moment de sa vie. Vigneul de Marville, qui l'a connu fort âgé, dit: « J'ai souvent admiré l'amour extrême que cet excellent peintre avoit pour la perfection de son art. A l'âge où il étoit je l'ai rencontré parmi les débris de l'ancienne Rome, et quelquefois dans la campagne et sur les bords du Tibre, qui dessinoit ce qu'il rencontroit le plus à son goût; je l'ai vu aussi qui rapportoit dans son mouchoir des cailloux et de la mousse, des fleurs, et d'autres choses semblables qu'il vouloit peindre exactement d'après nature. Je lui ai demandé un jour par quelle voie il étoit arrivé à ce haut point de perfection qui lui donnoit un rang si considérable entre les plus grands peintres de l'Italie: il me répondit, Je n'ai rien négligé * (11).

Ce passage de Vigneul de Marville, en nous peignant la tranquillité d'ame qu'on admira toujours dans le Poussin, fait encore connoître à la postérité qu'il ne négligea point l'étude de la nature pour imiter servilement l'antique, comme se plaisoient à le dire ses détracteurs, et ce que plusieurs auteurs sensés n'auroient pas dû répéter après eux. Né avec un génie supérieur il ne fut jamais assez présomptueux pour croire qu'avec ses seules idées il eût atteint la perfection; il savoit d'ailleurs que quelques recherches qu'il pût faire pour trouver des corps d'hommes et de femmes parfaits, il n'en rencontreroit point de si accomplis que ceux que l'art a formés par la main des anciens, qui trouvoient dans les mœurs et les coutumes de leur temps des moyens favorables pour en faire un beau choix. N'ayant donc en vue que la pureté des arts, il rattachoit sans cesse ce qu'ils offrent de flatteur pour les sens et pour l'esprit aux excellents principes de la savante antiquité: il poussa même si loin l'étude qu'il en fit, que quelques historiens s'accordent à dire qu'à Rome dans ses premieres études il modeloit plus souvent d'après les belles statues qu'il ne peignoit. Avec un goût aussi

(*) Mélange d'histoire et de littérature, Paris 1725, tom. 2, pag. 152.

épuré, dirigé par une grande sagesse, il sut allier l'élégance et les proportions des Grecs avec le moelleux des corps naturels. Suivons la génération de ses idées lorsqu'il sondoit la profondeur de son art pour s'élever au rang où il est parvenu : nous le verrons d'abord jeter un coup-d'œil philosophique sur toutes les connoissances humaines; mettre à contribution les historiens, les poëtes, les orateurs, et les savants de l'antiquité pour étudier les mœurs et les coutumes des nations; consulter les monuments pour apprendre les costumes, et saisir le caractere indigene de chaque peuple. Maîtrisant toujours en lui les passions brûlantes qui agrandissent la sphere du génie, son imagination vaste s'arrêta sur les sciences exactes: ce fut l'instant où il sentit que lorsque l'on confie tout à la raison et au sentiment, sans le secours des spéculations géométriques, tout est perdu dans les beaux arts. Alors il ouvrit les écrits d'Alhazen, de Vitellion, et du P. Matteo Zoccolino (12); dans ces auteurs il étudia l'optique, et s'en pénétra au point d'en parler si savamment que l'on crut longtemps qu'il avoit composé un traité de la lumiere et des ombres (13) : cette science le conduisit à l'étude de l'architecture; les plus beaux monuments de Rome furent ses modeles; il en recherchoit les proportions, l'élégance, et en restauroit sur ses dessins les parties dégradées par le temps. Faisant ainsi marcher d'un pas égal l'étude de la perspective avec celle de l'architecture, il en fit usage avec tant d'art qu'on peut en cela le citer comme une autorité en peinture.

Si la perspective est le ressort le plus puissant de l'illusion, elle est encore la base de la composition. Aucun peintre n'a plus senti cette vérité que le Poussin; et c'est au moyen des belles connoissances qu'il en eut qu'il parvint à produire des situations aussi neuves que variées, ainsi qu'à ouvrir de grandes scenes, dans lesquelles il maîtrisoit à son gré l'espace pour placer les objets selon l'abondance de ses pensées, et à répandre dans les plans une précision qui rend les distances accessibles par-tout.

La science de l'anatomie, sans laquelle toutes les lois du dessin seroient nulles, occupa encore une grande partie de ses veilles : ce fut dans les écrits du Vesales (14), en société avec un savant chirurgien, qu'il l'étudia. Ses ouvrages prouvent assez qu'il en eut une profonde connoissance.

On remarque que dans son admiration pour les grands maîtres de l'Italie moderne il ne s'asservissoit cependant à aucun, et ne s'attachoit à étudier que ceux qui s'approchoient des anciens par le beau idéal : c'est pourquoi il montra autant d'amour pour les productions du Dominiquin que pour celles de Raphaël. Le Poussin voyoit dans Rome les esprits bien divisés sur le vrai mérite : il vit le Guide et le Dominiquin, tous deux éleves de l'école des Carrache!...... Ce n'est qu'avec douleur qu'on ose ici soulever le voile des temps pour retracer le passage suivant aussi humiliant pour l'humanité qu'il est injurieux pour les arts; mais je me suis imposé le devoir de recueillir tous les titres à la gloire de notre illustre François, et là il s'en trouve un qui fait autant d'honneur à son esprit qu'à son cœur. On ne peut disputer au Guide le rang distingué qu'il tient dans l'école d'Italie; sa maniere tendre et gracieuse entraîna de son temps tous les suffrages: mais les expressions vives et touchantes du Dominiquin, loin d'être admirées, n'attirerent à l'auteur que les persécutions les plus atroces de la haine et de la jalousie; le Guide fut comblé de biens et d'honneurs, et le Dominiquin vécut malheureux et mourut empoisonné!... C'est ainsi que la fortune capricieuse semble se plaire à mortifier les hommes rares! Le tableau de la Communion de S. Jérôme, le plus célebre qu'ait produit le Dominiquin, ne fut pas exempt d'outrages; on vit ses ennemis l'arracher de l'église de Saint-Jérôme de la Charité où il étoit placé, pour le reléguer dans l'oubli! Il étoit réservé au Poussin d'en rétablir la gloire. Il se mit à la place de la postérité devant ce chef-d'œuvre en le comparant à la Transfiguration de Raphaël, et comptoit ces deux tableaux, avec celui de la Descente de croix de

Daniel de Volterre pour les trois plus beaux qui fussent à Rome: *Aprés Raphael,* disoit-il, *je ne connois pas un plus grand peintre que le Dominiquin pour l'expression.* Entraînés par son exemple, la plupart des artistes abandonnerent le Guide, et vinrent étudier d'après les ouvrages du Dominiquin (15).

C'est de cet amour du sublime que naissoit l'aversion du Poussin pour les ouvrages des artistes qui se laissent emporter sans choix à la simple vérité du naturel: aussi disoit-il du Caravage *qu'il étoit venu au monde pour détruire la peinture* (16).

Dans son examen et ses recherches sur les plus beaux tableaux de Rome, il ne recueilloit de chaque maître que les qualités essentielles et celles qui se rapportoient à ses spéculations: écoutons-le exposer lui-même les avantages que l'on peut retirer des belles choses avec cette maniere de les étudier: « Les dons que la nature répand dans les ouvrages de l'art sont épars çà et là; ils brillent en divers hommes, en divers temps, et en divers lieux: ainsi l'enseignement ne se trouve jamais dans un seul homme; la réunion de tous ces dons doit être le but de l'étude, et le terme de la perfection *. »

(*) Osservazioni di Nicolo Pussino sopra la Pittura. *Voyez G. P. Bellori*, page 460.

Du caractere dont étoit le Poussin on conçoit bien qu'il vit toutes les parties de son art avec un égal intérêt; cependant il n'eut point les charmes du coloris en partage, c'est le jugement de la plupart des auteurs qui ont écrit sur ce grand homme. Un objet aussi essentiel intéresse trop sa gloire pour ne point éclairer la postérité sur la maniere dont il envisagea le coloris: l'amour constant qu'il montroit dans ses études pour les grands maîtres qui excellerent dans les savantes proportions et le sentiment ne le rendit point insensible aux graces du pinceau, ni aux attraits de la couleur: il en donna des preuves dans le cas particulier qu'il fit des ouvrages du Titien; il les admiroit et les étudioit, mais il étoit souvent arrêté en les copiant; le coloris lui en paroissoit si attrayant qu'il craignoit de trop s'y attacher, et par-là de négliger la pureté du dessin : *Le charme de l'un*, disoit-il, *peut faire oublier la nécessité de l'autre:* néanmoins, entraîné par la séduction, il ne pouvoit s'en éloigner. Ce penchant irrésistible pour les ouvrages du Titien se manifeste dans quelques unes de ses productions. Bellori dit que le Poussin et François Flamand considéroient souvent un tableau du Titien qui étoit alors dans la vigne Ludovise, où l'on voyoit beaucoup de petits enfants (17); il ajoute que non seulement le Poussin cherchoit à en imiter le coloris, mais encore qu'il les modeloit et en faisoit des bas-reliefs*. « J'ai su du Poussin même, dit Félibien, combien il estimoit la couleur du Titien, la beauté et le moelleux de son pinceau : on ne peut nier que dans les premiers ouvrages qu'il fit à Rome il n'ait vraiment imité le coloris de ce savant Vénitien; on peut cependant remarquer qu'à mesure qu'il se perfectionnoit il s'attachoit de préférence aux belles formes et à la correction du dessin, qu'il a si bien connu être la principale partie de la peinture, et pour laquelle les plus grands peintres ont comme abandonné les autres aussitôt qu'ils ont compris en quoi consiste l'excellence de leur art. »

Le beau dessin et l'éclat du coloris partagent les goûts et les inclinations. L'une de ces deux choses demande un talent supérieur : quelle force d'intelligence ne doit-on pas supposer pour les embrasser toutes deux? et quelles sont les productions du génie qui les montrent réunies dans une égale perfection?

Le Poussin donne ici une leçon pour ne point tenter d'aborder le coloris au préjudice de son propre sentiment si l'on n'a pas reçu ce présent du ciel. Il n'y a point de marche réguliere pour l'étudier, on ne peut le soumettre à aucun principe : celui qui en découvre les secrets, le résultat de ses opérations est

(*) Vita di Nicolo Pussino, page 412.

d'être, comme celles de la nature, ou captieux, ou presque toujours impénétrable.

Le Titien a été surpassé dans les parties les plus essentielles de la peinture, mais il fut toujours la boussole des artistes dans le coloris: ainsi le cas particulier que faisoit le Poussin de ses productions lorsqu'il en agitoit en lui le sentiment, et la préférence qu'il lui donnoit sur tous les peintres simplement naturalistes, qu'il n'aimoit pas, est une conséquence de l'excellence de son génie; il ne voyoit point dans les ouvrages de ce peintre cet éclat séduisant qui prend sa source uniquement dans l'art des oppositions, mais dans l'étude des phénomenes de la vision et de l'analyse des matieres, que cet homme unique a su pénétrer l'essence de la peinture, en atteignant avec les couleurs des effets que les couleurs d'elles-mêmes ne peuvent atteindre, et en faisant disparoître l'art de nuancer et de graduer ses teintes fugitives; en quoi les prestiges de l'illusion qu'il fait naître sont indéfinissables.

Si tous ces développements suffisent pour convaincre les lumieres de la raison que le Poussin ne fut point insensible aux charmes du coloris, appuyons-nous maintenant d'une autorité respectable pour l'applaudir d'avoir préféré plaire aux yeux de l'esprit plutôt qu'à ceux du vulgaire.

Dans l'éloge que Pline fait de la peinture des Grecs

MONUMENT
A LA GLOIRE
DE NICOLAS POUSSIN.

PLANCHE PREMIERE.

MÉDAILLE.

Cette médaille du Poussin, fut exécutée en 1796 par M. Dumarest, sur la proposition de M. le Breton, membre de l'Institut, chargé alors de la direction des arts sous le ministere de Bénézeck. On arrêta en même temps de faire exécuter, pour prix d'émulation, les médailles de J. Goujon, de Pujet, de Pierre l'Escot, de Lebrun, et de le Sueur; mais aucune n'a été faite, à l'exception de celle du Poussin, qui est destinée pour le grand prix de peinture. Cette médaille représente d'un côté la tête du Poussin surmontée d'une étoile, avec la légende,

NICOLAS POUSSIN, PEINTRE FRANÇAIS;

et au revers une couronne, au centre de laquelle sont groupés la palette, le pinceau, le crayon, le compas, et la regle, avec l'inscription,

ÉCOLE FRANÇAISE. — PREMIER PRIX DE PEINTURE.

Le compas et la regle furent ajoutés, afin de pouvoir la donner pour le prix de sculpture et d'architecture, jusqu'à ce que ces deux arts eussent des médailles qui leur fussent spécialement affectées.

PLANCHE II.

STATUE DU POUSSIN.

La statue du Poussin a été ordonnée à M. Julien, pour être exécutée en marbre. C'est d'après ce beau monument, presque achevé, qu'a été faite la gravure que nous publions, et du consentement du célebre statuaire, qui a encore bien voulu aider de ses conseils le dessinateur.

L'intention de M. Julien est d'offrir à la postérité le Poussin recueilli et méditant dans l'une de ses veilles, le testament d'Eudamidas. Le philosophe enveloppé de son manteau, assis sur une caisse de son atelier, en trace la premiere pensée sur une tablette.

[illegible]

PLANCHE II

[illegible]

[illegible] pour être [illegible] presque [illegible]

[illegible]

PREMIER PRIX DES BEAUX ARTS

POUR L'ÉCOLE FRANÇAISE.

Bartolini del.   A. M. aq. f.   F. M. sculp.

Pl. II.

Pl. II.

LE POUSSIN

F. M. del. A. M. aq. f. C. M. Sculp.

Statue ordonnée à M. Julien par le Gouvernement.

DESCRIPTION

DES

TABLEAUX ET DESSINS

DU POUSSIN.

N° 1.

PLANCHE III.

PORTRAIT DU POUSSIN, PEINT PAR LUI-MÊME, A L'AGE DE CINQUANTE-SIX ANS.

Nous devons ce beau portrait du Poussin à l'amitié qu'il eut toute sa vie pour M. de Chantelon. Ce grand amateur des beaux arts, sollicitoit depuis long-temps son illustre ami de lui envoyer son portrait. Le Poussin lui répondit : « Je desire bien vous con- « tenter, mais il n'y a pas de peintre à Rome en état de le bien « faire, je ne vois que le seul M. Mignard qui en soit capable. » Mais dans une de ses lettres, en date du mois de mai 1650, il annonce à M. de Chantelon qu'il a résolu de le faire lui-même, et lui écrit : « Je me dispose à vous envoyer sous peu mon por- « trait. J'ai cependant de la peine à le finir, car il y a plus de « vingt-huit ans que je n'en ai point fait ». Le mois suivant, M. de Chantelon reçut le portrait du Poussin. C'est encore M. le Breton, ci-devant nommé, qui a fait acquérir et placer dans le musée ce portrait original du Poussin. Celui que l'on voyoit autrefois dans les salles de l'académie n'étoit qu'une copie.

N° 2.

PLANCHE IV.

LE TEMPS QUI DÉCOUVRE LA VÉRITÉ.

Le Poussin, dans cette belle allégorie, a représenté la Vérité abandonnée du genre humain, reléguée sur une roche aride, livrée aux traits envenimés de l'Envie et de la Discorde. Le Temps la découvre, il l'arrache de ce lieu épouvantable et la porte en triomphe au séjour de l'Eternité. L'Envie, les yeux égarés et le teint livide, n'en peut supporter les regards; en détournant sa tête hideuse elle secoue, dans sa rage, les serpents qui la rongent sans cesse, tandis que la Discorde, qui grince des dents, fixe à regret la Vérité qui échappe aux fureurs de son poignard et de la flamme de sa torche agitée.

Un Génie dans les airs soutient d'une main un serpent qui forme le cercle en se mordant la queue, et de l'autre une serpe, emblême du temps qui moissonne tous les âges, en décrivant un cercle perpétuel dans l'espace.

Le Poussin a fait ce tableau en 1641, pour le cardinal de Richelieu. Il étoit destiné pour orner un plafond. Il a passé dans la collection du roi, et ensuite au Musée central des arts, grande gallerie, n° 71.

N° 3.

PLANCHE V.

LE SOUVENIR DE LA MORT AU MILIEU DES PROSPÉRITÉS DE LA VIE.

Le Poussin, pour exécuter cette pensée sublime, a choisi l'Arcadie, contrée de la Grece célébrée par tous les poëtes de

DESCRIPTION DES TABLEAUX.

N° 1.

[illegible]

[illegible]

[illegible] de Daphnée, [illegible] les yeux [illegible] peut supporter les regards [illegible] dans sa rage les serpents qui la rongent [illegible] des dents [illegible]

[illegible]

[illegible] pour le cardinal de [illegible] plafond. Il a passé dans [illegible] au Musée central des arts, grande [illegible]

N° 2.

[illegible]

[illegible]

N°1 Pl. III.

F. M. del. A. M... J. M. Pere Sculp.

PORTRAIT DU POUSSIN,

peint par lui-même à l'âge de 56 ans.

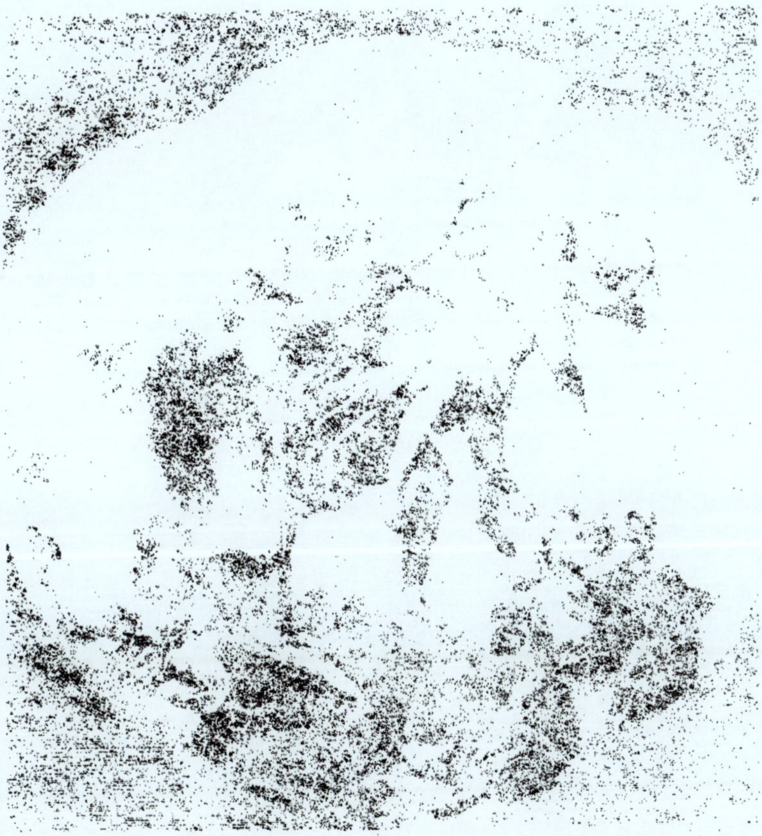

Nº 2 Pl. IV.

F. M. del. J. E. L. M. Sculp.

LE TRIOMPHE DE LA VÉRITÉ.

N° 3. Pl. V

F. M. del. A. M. d. F. J. M. P. Sculp.

L'ARCADIE.

l'antiquité comme un pays délicieux et dont les habitants jouissoient d'une félicité parfaite.

Des bergers, s'écartant d'une fête champêtre, s'introduisent dans un bois solitaire ; la rencontre imprévue d'un rustique tombeau suspend leur joie et fixe leur attention : un d'eux, un genou à terre, montre du doigt ces mots gravés sur la pierre, *Et in Arcadia ego :*

« Et moi je fus aussi pasteur dans l'Arcadie *. »

Un jeune homme, appuyé sur le tombeau, la tête ornée d'une guirlande de fleurs, considere avec application cette mélancolique inscription ; un autre, auprès de lui, se baisse, et semble en expliquer le sens à une jeune fille qui en le regardant paroît avoir l'esprit tout occupé de la pensée de la mort.

On connoît deux estampes de ce même sujet gravées d'après le Poussin, assez différentes entre elles pour faire croire que ce peintre en a fait deux tableaux. Celui-ci est placé au Muséum de Versailles.

N° 4.

PLANCHE VI.

VÉNUS ET ADONIS.

On apperçoit dans cette légere esquisse du Poussin le feu poétique qui anime ses compositions, et dont le cavalier Marini avoit rempli son ame lorsqu'il lui lisoit son poëme d'Adonis ; car il est probable que le Poussin fit ce dessin dans sa jeunesse, à l'époque où il demeuroit dans la maison du poëte, à Paris (voyez la Vie du Poussin, page 8).

(*) Ce beau vers de l'abbé de Lille est la traduction de cette inscription. Voyez le poëme *des Jardins*.

Au milieu d'un site agréable Vénus, placée auprès de son amant dans l'abandon du repos, est entourée des Ris et des Jeux; un d'eux, en dansant au son de leurs concerts, semble exciter l'Amour qui terrasse un jeune Satyre. Par cette pensée ingénieuse le Poussin a voulu exprimer la haine de Vénus contre tout ce qui pourroit réveiller dans l'ame d'Adonis l'amour des forêts, où l'entraînoit sans cesse son ardente passion pour la chasse, dont il fut enfin victime (*voyez les Métamorph.*, liv. 10).

Dans le fond on apperçoit le char de la déesse, et quelques instruments de musique sur le premier plan. Ce dessin, lavé au bistre, est au Muséum, dans la galerie d'Apollon.

N° 5.

PLANCHE VII.

RAVISSEMENT DE SAINT PAUL.

Ce tableau représente une vision de S. Paul, que l'apôtre des nations raconte lui-même aux Corinthiens dans une de ses épîtres *: il est supporté par des anges jusqu'au troisieme ciel; les bras étendus, et dans un ravissement extatique, il regarde l'éternelle félicité.

Le Poussin fit ce tableau à Rome, en 1643, à la priere de M. de Chantelou, pour accompagner celui de la vision d'Ézéchiel, de Raphaël, de pareille grandeur, que son ami avoit acheté à Bologne. La réponse du Poussin fait autant connoître sa modestie que son respect pour le prince de la peinture. Le 2 juillet de la même année il s'exprime en ces termes: « Je crains que ma main tremblante ne me manque en un ouvrage qui doit accompagner celui de Raphaël; et j'ai de la peine à me résoudre à y travailler, si vous ne me promettez que mon tableau ne ser-

(*) Épitre de S. Paul aux Corinthiens, chap. XII.

N.º 4 Pl. VI.

F. M. del. C. M. a. f.

VENUS ET ADONIS.

No 5. Pl. VII.

Dessiné par F. Massard — Gravé à l'eau f. par J. Massard — Terminé par Massard l'ainé

RAVISSEMENT DE St PAUL.

vira que de couverture à celui de Raphaël ». Le Poussin porte encore plus loin cette modestie aussi rare qu'estimable, dans une lettre du 2 décembre suivant, en envoyant ce tableau à M. de Chantelou : « Je vous supplie, dit-il, tant pour éviter la calomnie que la honte que j'aurois qu'on vit mon tableau en parangon* de celui de Raphaël, de le tenir séparé et éloigné de ce qui pourroit le ruiner, et lui faire perdre si peu qu'il a de beauté. »

Le chevalier del Pozzo, excellent juge dans les beaux arts, a relevé ce trait de modestie du Poussin dans deux lettres qu'il écrivit à ce sujet ; il y dit, « Qu'il n'estime pas moins le ravissement de S. Paul que la vision d'Ezéchiel ; que c'est ce que le Poussin a fait de meilleur, et qu'en comparant ces deux tableaux on pourra voir que la France a eu son Raphaël aussi bien que l'Italie. »

Ce tableau, qui a été dans la collection d'Orléans, a passé en Angleterre (*voyez la Description des Tableaux du Palais royal par* Dubois de Saint-Gelais).

N° 6.

PLANCHE VIII.

LE RAPT DES SABINES.

Lorsque Romulus eut jeté les fondements de sa nouvelle ville il ouvrit un asyle à tous ceux qui voulurent s'y établir, de quelque état ou condition qu'ils fussent. Rome dès-lors devint le refuge de tous les malfaiteurs et de tous ceux qui étoient poursuivis chez les peuples voisins pour leurs crimes ou leurs dettes. Bientôt les Romains se virent assez forts pour se soutenir contre quelques voisins que ce fût : mais ils ne pouvoient se flatter de

(*) Vieux mot qui signifie mettre en comparaison, et dans ce sens mettre en pendant deux tableaux d'une égale grandeur.

perpétuer leur établissement au-delà de leur vie ; il y avoit trop peu de femmes à Rome pour pouvoir en espérer une postérité, et l'on en recherchoit en vain d'étrangeres. Romulus, de l'avis de son conseil, députa donc aux peuples des environs pour leur demander leur alliance et leurs filles en mariage ; on ne les écouta nulle part, tant ces peuples méprisoient et craignoient pour eux et pour leur postérité la puissance romaine qu'ils voyoient se former au milieu d'eux ! quelques uns même en les renvoyant leur demandoient s'ils n'avoient pas aussi ouvert un asyle pour les femmes, ajoutant que c'eût été le moyen de faire des mariages assortis. La jeunesse romaine en fut outrée, et parut dès-lors vouloir se porter à quelque coup d'éclat.

Pour en faire naître plutôt l'occasion Romulus, dissimulant son chagrin, ordonna les jeux à l'honneur de Neptune équestre : il les fit annoncer ; et pour en donner une grande idée par la magnificence des préparatifs, on mit en œuvre tout ce que l'industrie suggéra de plus propre à l'embellissement du spectacle. La curiosité attira à Rome une affluence extraordinaire d'étrangers ; les Sabins s'y rendirent avec leurs femmes et leurs filles. L'heure des jeux arrivée, comme le spectacle fixoit les regards et l'attention de tous les assistants, Romulus leve un pan de son manteau couleur de pourpre ; c'étoit le signal dont on étoit convenu : aussitôt les Romains, répandus dans l'assemblée, se levent de concert, enlevent les jeunes Sabines, et mettent en fuite les Sabins désarmés (*voyez* Romulus, *Vie des Hommes illustres de Plutarque*).

C'est avec raison que l'on a toujours regardé ce tableau comme un chef-d'œuvre du Poussin ; on peut le comparer à tout ce que l'on connoît de plus étonnant en peinture : on y admire l'expression et la beauté du dessin ; la vérité historique y est rigoureusement observée ; les draperies sont du plus beau choix ; tout est grand et noble dans l'ordonnance du tableau, et la composition est remplie de traits saillants d'esprit.

[illegible] possible. [illegible] de l'art [illegible] pour le [illegible]

[illegible] l'Etat.

[illegible] Romulus [illegible]

[illegible] dans l'ensemble, s'élevant [illegible] les Sabines, et mettent en fuite les [illegible] *des Hommes* [illegible]

[illegible] à [illegible] de plus [illegible] y [illegible] historique y [illegible] plus beau [illegible] du tableau, et [illegible]

N° 6. Pl. VIII

Dessiné par F. Massard. Gravé à l'eau forte par A. Massard. Terminé au burin par U. Massard.

LE RAPT DES SABINES.

Romulus est accompagné de son grand-pere Numitor, et d'un de ses principaux ministres; on remarque dans sa physionomie l'expression de la ruse, et la sécurité d'un chef heureux accoutumé à réussir dans ses entreprises: il est probable que le Poussin en a tracé le profil d'après une médaille antique.

Les formes vigoureuses et prononcées des soldats romains annoncent déja un peuple fier et aguerri, et qui doit maîtriser une si grande partie du monde. La différence de costumes et d'armures caractérise encore un mélange d'hommes de plusieurs nations. A travers le désordre qui regne dans le forum on apperçoit que la victoire est assurée de toutes parts, et le rapt s'exécute sans résistance. Les soldats ravissent pour eux et pour leurs chefs : un Romain, sur le premier plan, traverse la scene; il porte entre ses bras une jeune fille désespérée : on suppose que c'est la belle Hersilie qui est destinée à Romulus; sa mere à genoux, le désespoir dans le cœur, implore en vain le chef des Romains: sur la même ligne un Sabin, peut-être le pere d'Hersilie, en fuyant sur la droite de la scene, lance sur le ravisseur un regard d'indignation. Derriere lui une jeune Sabine qui fuit de son côté se trouve saisie par un soldat. Ce beau groupe, plein de chaleur et d'heureux contrastes, laisse appercevoir sur un plan plus éloigné un jeune Romain d'une figure intéressante, qui n'ose ravir la beauté dont il est épris; il attire à lui d'une main et sans violence la jeune Sabine, qu'il voudroit plutôt fléchir qu'enlever; elle se cache dans les genoux de sa mere, que le ravisseur repousse doucement en entrant en composition avec elle, tandis que, cédant à la nécessité, elle semble n'être pas éloignée de livrer sa fille au jeune ravisseur. On voit dans le fond de la scene des chefs à cheval, un entre autres à qui l'on livre une jeune fille.

Toute cette composition est pleine d'action et de variété; l'impression est telle, les prestiges de l'illusion y agissent avec tant de pouvoir, les personnages s'y meuvent avec tant de vérité, que l'on croiroit presque entendre les cris de la multitude. La lumiere divisée sur tous les points de la scene, contre les regles ordinaires qu'observe la peinture pour obtenir de l'effet, est encore un trait de génie de ce grand homme; c'est en faisant vaciller la lumiere sur tous les corps qu'il a voulu tromper l'œil par l'imitation du mouvement.

Le Poussin a composé plusieurs fois le rapt des Sabines; quelques esquisses de lui répandues dans diverses collections pourroient faire penser qu'il en a fait aussi plusieurs tableaux : on n'en connoît cependant que deux; un qu'il fit pour le cardinal Aluigi Omodei, et celui dont nous donnons la gravure a été fait pour la duchesse d'Aiguillon. En 1690 ce même tableau étoit dans le cabinet de M. de la Ravoir; de là il a passé dans la collection du roi, et ensuite au muséum.

N° 7.

PLANCHE IX.

LE DÉLUGE.

Treize cents et quelques années après que la terre eut été formée et qu'elle eut commencé d'être habitée elle fut couverte d'un pole à l'autre par les eaux du déluge; toutes les créatures vivantes furent englouties, à l'exception de Noé et de sa famille, qui furent conservés dans une arche avec un couple d'animaux de chaque espece : c'est ce petit reste qui a repeuplé la terre. Ainsi, selon l'Ecriture, périt l'ancien monde dont les ruines ont formé le nouveau *.

Le Déluge du Poussin est une si belle chose qu'on ne peut ni le voir ni le décrire sans se livrer à l'enthousiasme : la pen-

(*) Voyez la Genese, chap. VIII; et l'Histoire Asiatique, chûte de l'homme.

[illegible]TION D[illegible] TABLEAU[illegible]

[illegible] l'ont [illegible] la scène [illegible] c'est en faisant [illegible] l'œil [illegible]

[illegible] qu'il en a fait [illegible] n'ait représenté que deux [illegible] celui dont nous [illegible] ce même [illegible] a passé dans la [illegible]

[illegible] que la terre eut été [illegible] elle fut couverte [illegible] les eaux du déluge; toutes les créatures [illegible] à l'exception de Noé et de sa famille, [illegible] arche avec un [illegible] petit reste [illegible] l'Écriture [illegible] nouveau.

[illegible] est [illegible] se liv[illegible]

[illegible] de

N° 7. Pl IX

Dessiné par F. Massard — *Gravé à l'eau forte par J. Massard.* — *Terminé par Massard le père*

LE DÉLUGE.

sée seule est sublime; l'exécution du tableau n'en est que le concept.

Quelqu'un a dit, *Ce tableau est le plus beau qui soit sorti de la main des hommes* (*). L'auteur estimable de l'Essai sur la vie et sur les tableaux du Poussin s'exprime en ces termes : « Quel homme, en voyant ce tableau, ne frémit pas d'horreur, ne se sent pas saisi d'un frisson glacial (**) ? »

Le Déluge du Poussin ne se compose point d'une multitude d'hommes effrayés d'une grande catastrophe, et qui dans leur trouble et leur désespoir s'efforcent confusément de se soustraire à une mort inévitable ; il n'offre qu'une seule expression, c'est l'univers qui se dissout ; quelques hommes mille fois plongés dans l'abyme, mille fois échappés à la fureur des tempêtes, viennent achever la derniere scene du monde au sommet des plus hautes montagnes : le désespoir et la désolation étouffent toutes les affections dans ce petit reste de l'humanité, mais non la douleur ; elle tourmente encore une mere qui s'efforce de sauver son enfant. Cet épisode, amené là pour le dernier point de vue du cœur humain, déchire l'ame. Par-tout on voit les eaux qui s'élevent par degré ; les plus hautes montagnes disparoissent, et l'être va cesser ; les cataractes du ciel sont rompues, le soleil refuse sa douce lumiere, tout se décolore, et la nature expire.

Le serpent séducteur reparoît dans cette derniere scene sous sa forme de proscription ; en s'élançant sur l'incommensurable abyme il poursuit l'homme jusqu'à sa fin.

Dans cette nuit d'horreur, sous la protection d'un Dieu régénérateur, vogue en paix l'arche sainte, l'espérance d'un nouveau monde.

Si par l'élévation de ses pensées le Poussin a souvent surpassé

(*) Manuel du Muséum françois, N° 82.

(**) M. de Cambry.

tous les peintres anciens et modernes, ici il montre une intelligence plus qu'humaine: tout est réfléchi dans ce tableau, tout y est grand, tout y frappe le cœur à coups redoublés: dans ce chef-d'œuvre on voit tout l'esprit du peintre, dégagé des sens, s'élançant dans l'immensité pour atteindre la vraisemblance d'une vérité inaccessible.

Le Poussin, en 1644, un an avant sa mort, acheva pour le duc de Richelieu quatre paysages qui représentoient les quatre Saisons; les sujets étoient tirés de l'Ecriture-sainte: il fit le Déluge pour représenter l'hiver. Ces quatre tableaux ont passé dans la collection du roi. On voit le Déluge au muséum dans la grande galerie.

N° 8.

PLANCHE X.

LA SAINTE-FAMILLE.

Ce sujet intéressant a exercé le talent des plus habiles artistes depuis la renaissance des arts en Italie: Léonard de Vinci, Raphaël, le Guide, le Correge ont fait des Saintes-Familles si admirables qu'il auroit semblé que toutes les expressions avoient été épuisées pour représenter la dignité de la nature sanctifiée dans les quatre âges de la vie humaine. Le Poussin, aussi bien inspiré par ceux qui l'avoient devancé, s'est pénétré de tous les mysteres qui prennent leur source dans le berceau de Dieu-homme pour atteindre le sublime de son sujet; la constitution saine et les graces naïves de l'enfance, la pudeur qui décore la beauté virginale de la jeunesse, la vigueur de l'âge viril, et les traits imposants d'une belle vieillesse sont des chefs-d'œuvre du beau idéal que l'on trouve dans la Sainte-Famille du Poussin.

La Vierge est assise; elle tient l'enfant Jésus sur ses genoux; Ste Elisabeth, dans une attitude respectueuse, lui présente

N° 8 Pl. X.

Dessiné par F. Massard — Gravé à l'eau f. par A. Massard — Terminé par Massard l'aîné

LA SAINTE FAMILLE.

S. Jean ; elle considere avec tendresse et reconnoissance les caresses que le jeune précurseur reçoit du Sauveur du monde; S. Joseph, debout, les mains jointes, contemple cette scene avec admiration.

La dignité du sujet fait toute la richesse du tableau; on n'y voit point d'accessoires, rien n'y retrace l'état ni la condition des personnes. Le motif du Poussin, quand il a pensé la Sainte-Famille, a été d'offrir à tous les regards le type des biens futurs environné du respect, de la modestie, et de la chasteté: la scene se passe en plein air, à quelque distance de la ville de Bethléem.

Ce petit tableau réunit à tous ses genres de mérite les charmes d'une belle exécution, et il doit être regardé comme étant de la plus excellente maniere du Poussin. On le voyoit autrefois au muséum; il est indiqué dans la notice de la grande galerie sous le n° 84.

N° 9.

PLANCHE XI.

ORPHÉE ET EURYDICE.

Dans ce paysage du Poussin on voit Orphée assis sur un rocher; il tient sa lyre et s'accompagne en chantant son hyménée. Les témoins de son bonheur sont en petit nombre; les traits souffrants d'Eurydice et un serpent qui fuit indiquent qu'elle vient d'être piquée au talon.

Le Poussin s'est attaché dans la figure d'Eurydice à rendre l'expression de la douleur sans altérer l'éclat de sa jeunesse ; il en a fait un modele de grace.

Tous les sujets ne sont pas également heureux ni propres à être traités en peinture ; tel est celui d'Orphée et d'Eurydice. Orphée est un des personnages les plus célebres de l'antiquité:

il fut un des premiers qui porta dans la Grece la poésie et la musique, dont l'usage étoit inconnu dans ce beau pays; c'est ce qui a donné lieu à débiter tant de fables sur son sujet: mais tous les prodiges opérés sur la nature par ses chants et par les sons de sa lyre sont des idées gigantesques qu'enfante l'imagination exaltée du poëte, et que le pinceau ne peut atteindre. Si l'on considere ce tableau du Poussin comme un paysage dont les figures ne sont que des accessoires, on y trouvera des beautés de détail d'une grande richesse et d'un beau choix, mais dont le mérite sera affoibli du côté de la conception si l'on y recherche la fiction poétique. L'exposition du sujet n'est pas même très exacte: la fable dit qu'Eurydice, femme d'Orphée, fut piquée d'un serpent en fuyant les poursuites d'Aristée, et qu'elle en mourut le jour même de ses noces (voyez *Cicones*); ailleurs, que la belle Eurydice, courant un jour au milieu d'une troupe de nymphes, un serpent qui étoit caché sous l'herbe l'ayant piquée au talon, elle perdit la vie peu de jours après son mariage (*P. Ovidii Metamorph.*, lib. X, *fab.* 1). Rien n'indique ici ces diverses situations: le site et les fonds du tableau rappellent trop Rome moderne pour se figurer cette scene dans la Thrace; car c'est dans ces belles contrées que le dieu Hyménée, attiré par le charme de la voix d'Orphée, assista à ses noces. Le Poussin est ordinairement plus exact et plus circonspect.

Ce beau paysage, qui vient de la collection du roi, est au muséum dans la grande galerie.

N° 10.

PLANCHE XII.

L'INTÉRIEUR D'UN MÉNAGE.

Voilà un évènement dans le ménage: c'est un petit étourdi qui vient de renverser un vase; le plancher est déja inondé de

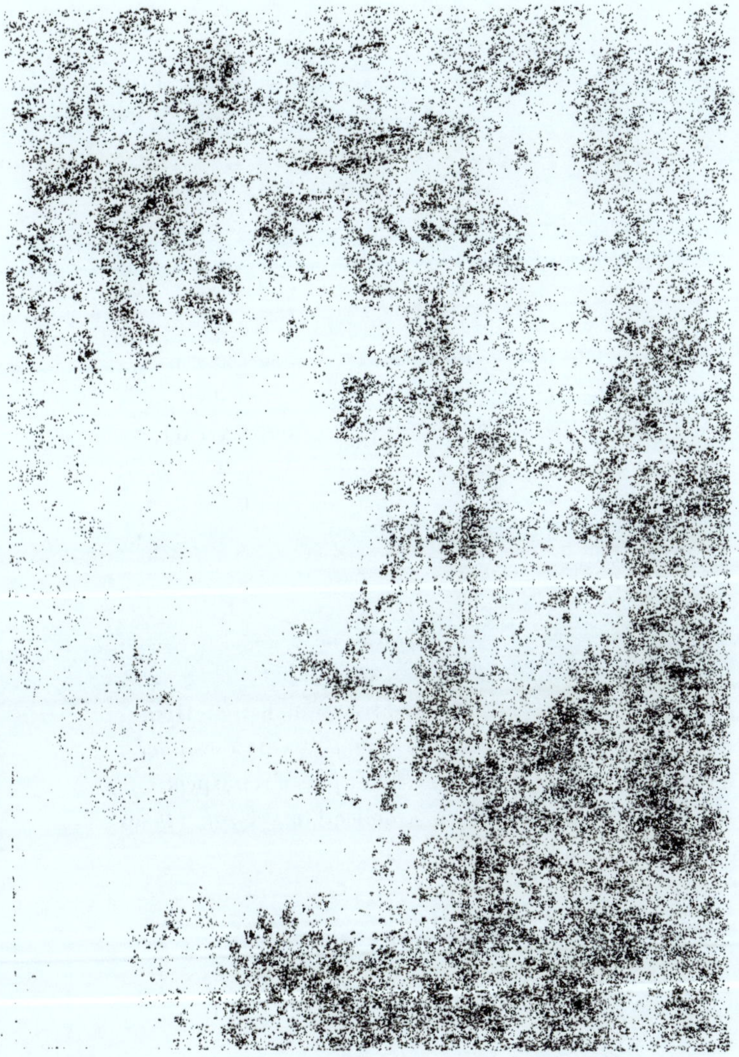

[illegible] sujet [illegible]

[illegible] atteindre.

[illegible] la fable du [illegible] Eurydice, femme d'Orphée, [illegible] poursuites d'Aristée, [illegible] (Voyez *Cicones*); [illegible]

[illegible] le site [illegible]

[illegible] belles contrées que le dieu Hymen [illegible] le charme de la voix d'Orphée, assista à ses noces. [illegible] plus exact et plus circonspect.

[illegible] qui vient de la collection du roi, est au [illegible]

N° 16.

PLANCHE [illegible]

[illegible]

[illegible] petit [illegible] est déjà inondé de

N° 9. Pl. XI.

F. M. del. A. M. a f. J. Massard P. sculp.

ORPHÉE ET EURIDICE.

N° 10 Pl. XII.

F. M. del. J. Massard P. Sculp.

L'INTÉRIEUR D'UN MÉNAGE.

l'eau qui en découle. La mere le menace du fouet: son frere l'attire vers elle pour recevoir le châtiment; il crie, il se défend; et le sabbat est plus grand que le malheur: il suspend le sommeil du plus jeune des enfants que la mere endort dans le berceau, et trouble le repos du chef de famille qui est malade dans son lit: ses plaintes fixent l'attention de deux jeunes filles qui se disposent à lui porter un bouillon qu'elles viennent de préparer.

Les scenes familieres sont rarement venues se placer sous le crayon du Poussin; mais rien n'est au-dessous du génie lorsqu'il aime et recherche la vérité. Celle-ci, dont il a peut-être été témoin, lui a fourni une heureuse situation qu'il a répétée dans plusieurs de ses compositions: c'est une jeune fille, une veilleuse, qui repose sur les genoux de sa sœur; ce charmant groupe, que l'on voit sur la droite du dessin, porte le cachet du Poussin.

Cette jolie esquisse, dessinée à la plume et lavée à l'encre, est au muséum dans la galerie d'Apollon.

N° 11.

PLANCHE XIII.

L'ARCHE D'ALLIANCE DANS LE TEMPLE DE DAGON; PLAIES QUE S'ATTIRENT PAR-LA LES PHILISTINS.

Des camps d'Asphek et d'Eben-ézer les Philistins livrerent une seconde bataille aux Israélites avec tant de fureur, qu'ils leur tuerent trente mille fantassins, prirent l'arche de l'alliance du Seigneur que les enfants d'Israël avoient amenée de Silo dans leur camp, la porterent captive à Asoth (en hébreu *Ashdod*), et la placerent dans le temple de Dagon comme un hommage qu'ils devoient à leur idole en reconnoissance de la victoire qu'ils venoient de remporter; mais ils ne prévoyoient pas les funestes conséquences qu'auroit pour eux la prise nouvelle qu'ils venoient de faire.

Le lendemain ils entrerent dans le temple dès le point du jour, et trouverent Dagon renversé à terre devant l'arche du Seigneur: ils le releverent et le mirent à sa place, attribuant ce premier malheur au hasard. « Le jour suivant, s'étant encore levés dès le matin, ils trouverent Dagon tombé par terre sur le visage devant l'arche du Seigneur; mais la tête et les deux mains, en ayant été coupées, étoient sur le seuil de la porte, le tronc seul de Dagon étoit demeuré en sa place. C'est alors que les maux dont ils furent affligés surpasserent de beaucoup la perte de cette idole. La main du Seigneur s'appesantit sur les habitants d'Asoth et les réduisit à une extrême désolation; il frappa ceux de la ville et de la campagne de maladies dans les parties secretes du corps, dont plusieurs moururent, pendant que ceux qui resterent en vie furent grièvement tourmentés*. »

Ici le Poussin a voulu que le spectateur soit touché rapidement des funestes effets d'une grande calamité dont le coup part du ciel: la douleur, la tristesse, la crainte, l'inquiétude, la frayeur et la mort ouvrent la scene. L'œil s'arrête d'abord sur une mere qui vient d'expirer avec un de ses enfants: le plus jeune qui lui survit est encore attaché à son sein fétide; il en est repoussé par un homme qui se bouche les narines, ce qui annonce qu'une exhalaison pestilentielle se répand déja dans cette partie de l'air. Le Poussin emploie ici cet épisode pour transmettre sur la toile les affections des divers sentiments qui se communiquent dans tous les cœurs au moment d'une affliction générale. La nature dit aux parents témoins de ce spectacle d'horreur et de pitié de veiller pour eux et leurs enfants: L'imagination frappée du miasme dont ils ne sont pas encore atteints, ils suivent et répetent les deux actions de l'homme penché sur le cadavre. Un malade à demi-couché, le coude appuyé sur un tronçon de colonne, souffre cruellement; sous

(*) Voyez l'Ancien Testament, liv. I, Rois.

Dessiné par F. Massard — *Gravé à l'eau-f. par A. Massard* — *Terminé par Massard le père.*

L'ARCHE D'ALLIANCE DANS LE TEMPLE DE DAGON.

ses traits altérés il montre encore une ame forte qui sait supporter avec résignation la douleur qui tourmente son corps abattu. La mort enleve un jeune homme sur la gauche de la scene; peut-être n'est-il plus, car il inspire moins l'intérêt que la pitié d'un passant attiré là pour consoler et porter des secours. Le grand-prêtre, sur les marches du temple, environné des magistrats et des principaux de la ville, délibere sur une cause si étrange: «Quel évènement, dit-il, peut donc avoir renversé par terre Dagon qui étoit placé sur un stylobate solidement construit, tandis que l'arche posée sur une légere estrade, est encore en place?»

La multitude infinie de rats dont les Philistins furent assaillis dans cette punition du ciel n'est point oubliée, ils se répandent par-tout. Cependant des ordres ont été donnés pour assainir la place publique, car on voit dans le fond deux hommes qui enlevent un cadavre. Un magistrat qui monte au palais rencontre sur son passage un malheureux qui lui demande du secours; il l'exhorte à la patience.

Cette peinture éloquente et poétique du Poussin réunit toutes les beautés de l'art dans le style grand et magnifique; tout y est également sublime dans le choix comme dans l'invention. Ce savant peintre, qui transportoit toujours son esprit dans le lieu de la scene, a donné aux Philistins une constitution physique qui differe de celle du peuple juif, dont il a si bien saisi le caractere indigene. L'architecture réguliere et solide qui décore la place publique rappelle la célébrité de la ville d'Azot, dont la force, la beauté et l'étendue ne peuvent être révoquées en doute lorsqu'on pense que cette ville soutint le plus long siege dont il soit fait mention dans l'histoire. Azot faisoit encore partie des cinq villes fameuses comprises dans la contrée que les anciens Grecs et les Romains désignoient sous le nom de Palestine, et que les Philistins appelerent par excellence Pentapolis.

Ce fameux tableau a fait la réputation du Poussin. En 1630 Félibien, qui étoit secrétaire du marquis de Fontenay, ambassadeur extraordinaire pour le roi près d'Innocent X, rapporte qu'il le vit à Rome chez un sculpteur nommé Matheo, qui l'avoit acheté du Poussin soixante écus; enfin, après avoir passé en plusieurs mains, il fut vendu mille écus au duc de Richelieu: c'est alors que les amateurs et les amis des arts en France commencerent à regarder le Poussin comme l'honneur et la gloire de la nation; devant ce chef-d'œuvre ils répétoient, « Ce grand homme a enlevé la science de la peinture de la Grece et de l'Italie pour l'apporter dans sa patrie ». Ce beau monument décore aujourd'hui la grande galerie du muséum.

N° 12.

PLANCHE XIV.

MOÏSE EXPOSÉ SUR LE NIL.

Pharaon, roi d'Égypte, après avoir exercé sans succès des cruautés inouies envers les Juifs, dont il redoutoit la force et la population, l'esprit frappé d'une prédiction qu'il devoit naître un enfant hébreu qui seroit un fléau pour les Egyptiens en se rendant redoutable par ses vertus et son courage, fit publier un ordre qui contenoit les plus séveres peines pour ceux qui négligeroient d'y obéir: par cet ordre chaque enfant mâle des Hébreux qui viendroit au monde seroit jeté dans le Nil. Amram et Jocabeth avoient déja deux enfants, Miriam et Aaron; mais Moïse ne vint au monde qu'après la publication de l'édit: ses parents eurent une répugnance invincible à se décider à faire périr un si bel enfant, et le garderent secrètement l'espace de trois mois, jusqu'à ce qu'enfin, craignant que la chose ne vînt à être découverte, ce qui auroit été également aussi funeste pour eux que pour l'enfant, ils s'y déterminerent. Cependant comme l'exécution d'un

N° 12. Pl. XIV.

Dessiné par F. Massard. Gravé à l'eau forte par A. Massard. Terminé au burin par Massard le père

MOÏSE EXPOSÉ SUR LE NIL.

ordre si barbare révoltoit la nature, ils firent un petit coffret de joncs, y mirent leur enfant, et l'exposerent sur les flots au soin de la providence.

Ce magnifique paysage peut passer pour un tableau d'histoire: les figures y sont trop considérables et occupent un assez grand espace pour ne pas s'y trouver seulement comme accessoires; on admire la philosophie et l'intérêt que le Poussin a répandus dans ce sujet touchant. Le petit Moïse, couché dans le panier de joncs, vient d'être exposé sur le Nil par Jocabeth, qui est encore dans l'attitude que cette action demande; elle tourne la tête pour appeler sa fille, qui est derriere elle à une petite distance afin d'observer s'il ne paroît personne: le désespoir est peint sur le visage de cette mere infortunée; mais Miriame, le doigt sur la bouche, l'invite au silence parcequ'elle apperçoit quelqu'un: c'est la fille de Pharaon qui vient; cette princesse paroît dans le lointain, accompagnée d'une femme et précédée de trois autres. Amram, vêtu dans le costume asiatique, se retire; son affliction profonde et réfléchie ralentit ses pas; le petit Aaron le suit tristement en le tenant par un pli de son vêtement. Sur le bord du Nil, près l'endroit où Moïse est exposé, le Poussin à personnifié le fleuve en sculpture; il est couronné de fleurs, du bras droit il embrasse un sphinx, symbole de l'Égypte, et de la main gauche il tient une corne d'abondance pour exprimer que la fécondité de la terre est due à la vertu de ses eaux. Cette belle pensée rappelle la célébrité du Nil dans l'antiquité, auquel on offroit des sacrifices comme à un dieu. Derriere ce groupe de sculpture s'élevent majestueusement deux grands arbres, où sont suspendus, à l'un un carquois plein de fleches, et à l'autre une flûte pastorale. Dans le fond du paysage on découvre une ville qui s'étend dans le lointain; on apperçoit des barques et des cabanes de pêcheurs sur le rivage.

Le Poussin a fait ce tableau, en 1655, pour M. Stella, et

depuis il a passé dans la collection d'Orléans (voyez le *Catalogue des Tableaux du Palais royal, par Dubois de Saint-Gelais.*)

N° 13.

PLANCHE XV.

IMAGE DE LA VIE HUMAINE.

Voilà une riante peinture qui se présente telle au premier coup-d'œil, dont le sujet est neuf et le fond très moral: c'est le tableau du présent, du passé, et de l'avenir, l'image du Temps, de l'homme, et de son esprit.

S. Augustin est un des écrivains célebres qui a donné les plus beaux développements sur le passage de la vie humaine; on trouve dans plusieurs chapitres de ses Confessions des réflexions admirables sur la maniere dont l'esprit peut mesurer le temps: « Et qu'est-ce que la vie de l'homme, sinon une dissipation continuelle de son cœur et de son esprit* »? On croit voir dans cette pensée le tableau du Poussin.

Ce savant peintre a fait un bal de la vie; et pour animer toutes les idées qui s'enchaînent aux vérités qui viennent à l'esprit sur cet objet, il a choisi dans la mythologie les divinités convenables à son sujet. Cette riche mine des poëtes et des peintres

> . . . . . Offre à l'esprit mille agréments divers,
> . . . .
> Là, pour nous enchanter, tout est mis en usage,
> Tout prend un corps, une ame, un esprit, un visage;
> Chaque vertu devient une divinité **.

C'est ainsi que le génie, en approfondissant les idées les plus

(*) Confess. de S. Aug. liv. XI, chap. 26, 27, 28, 29.

(**) Boileau, Art poétique, chant III.

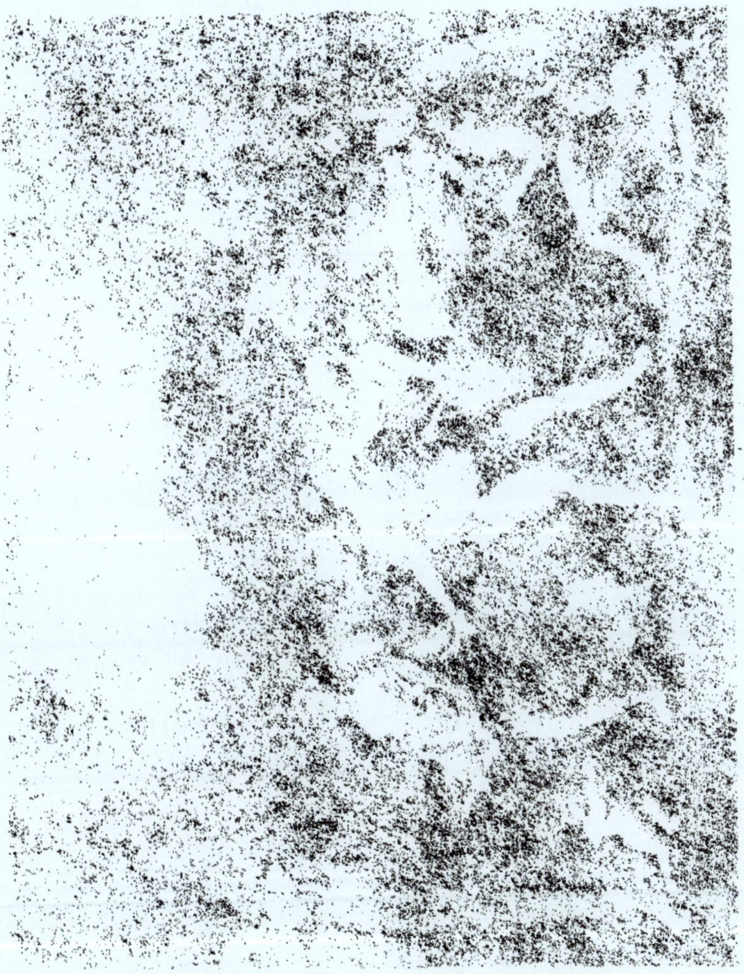

[illegible] *Palais-Royal, par Dubois de Saint-* [illegible]

[illegible]

[illegible] est neuf et le fond [illegible] du présent, du passé, et de l'avenir, l'image du Temps, [illegible]

[illegible] qui a donné les plus [illegible]

[illegible] pour animer toutes [illegible]

[illegible] des convenables [illegible] des poëtes et des peintres [illegible]

[illegible] agréments divers. [illegible]

[illegible]

Tout prend un corps, une âme, [illegible]

[illegible]

[illegible] le génie, en [illegible] les plus

[illegible]

N° 13. Pl. XV.

Dessiné par F. Massard — Gravé à l'eau forte par A. Massard — Terminé par Massard l'aîné

IMAGE DE LA VIE HUMAINE.

abstraites, sait les embellir d'un coloris aimable pour les offrir à l'admiration comme à la méditation.

Le Temps, sous la figure d'un vieillard, est assis; il joue d'une lyre au son de laquelle dansent en rond quatre femmes sous l'emblème des quatre Saisons; elles représentent encore la Richesse, le Plaisir, le Travail, et la Misere : la distance qui les sépare s'exprime dans leur maniere de se toucher et dans leurs regards; la Richesse dédaigneuse sourit au Plaisir et méprise le Travail et la Peine. Tout est emblèmatique dans ce bal : les nuances du cœur humain s'y montrent pleines d'expressions pour tracer les vices de l'homme dans l'inégalité des conditions.

Souvent on peut puiser des leçons dans les jeux de l'enfance. En voici un exemple; l'un des deux enfants que l'on voit ici tient un sablier, et s'en empare pour en faire un jouet; il est loin de songer que cet instrument est la mesure du temps; l'autre souffle des globules à travers un chalumeau. L'œil saisit à peine la fortune fragile de ce fluide aériforme; lorsque, chargé d'un gaz qui dirige son cours, il balance dans l'air les brillantes couleurs de l'iris; les globules superbes, bientôt invisibles, sont remplacés par d'autres qui disparoissent aussi vite. Tel est le sort des vaines ambitions qui empruntent leur éclat des futilités, et l'image de leur durée et de leur néant dans la succession des âges. Les amusements de l'innocence sont là des figures symboliques qui peignent le peu de distance de l'homme à l'enfance, lorsque dans son insouciance sur la rapidité de ses jours il se dérobe lui-même à la vie. La cause de toutes ses pensées, qui prennent leur source dans cette énorme figure du Temps, placé là pour les mettre en action, est une idée immense, et un terrible avertissement pour l'homme qui pense.

Rien n'est accessoire dans cette brillante allégorie, tout y est animé d'une éloquente poésie : ici c'est un terme qui représente Janus, pour recommander la prudence comme une des vertus essentielles; au milieu du Zodiaque paroit dans toute sa gloire le dieu du jour; il vient féconder la Nature; l'Aurore le précede en répandant à pleines mains des fleurs sur la terre, tandis que les Heures en folâtrant suivent son cours.

Ce fameux tableau étoit à Rome, en 1789, au palais Rospigliosi.

N° 14.

PLANCHE XVI.

LE MAÎTRE DES FALISQUES.

La conduite de la guerre contre les Falisques ayant été confiée à Camille, ce grand capitaine alla mettre le siege devant Faléries, et entoura cette place de lignes qui étoient à une assez grande distance des remparts. Les Falisques avoient emprunté des Grecs la coutume de mettre leurs enfants sous la conduite d'un même maître. Celui auquel ils avoient confié leurs enfants les conduisoit ordinairement pendant la paix hors des murailles afin qu'ils s'exerçassent dans la campagne à des jeux convenables à leur âge; il n'avoit point interrompu cette coutume pendant la guerre. Un jour qu'il trouva l'occasion favorable il amena à Camille toute cette jeunesse qui lui avoit été remise en dépôt, accompagnant cette action criminelle de cet indigne discours: « C'est avec ces enfants que je livre entre vos mains la ville que vous assiégez; mais je préfere l'amitié des Romains au poste que j'occupois à Faléries ». Camille, indigné de sa perfidie, ordonne à ses licteurs de le dépouiller, et, après lui avoir lié les mains derriere le dos, il fit armer ses disciples de verges pour qu'il le ramenassent dans la ville en le frappant sans relâche (*voyez l'Histoire romaine*).

Camille, assis à l'entrée d'une tente dressée au milieu du camp, est environné des commandants et des soldats de son armée; quelques jeunes Falériens sont prosternés à ses pieds: le général ordonne la punition du lâche: déja, les mains liées

[illegible] la terre, tandis que [illegible]

[illegible] au palais l'hospitalité.

[illegible]

[illegible] qui étoient à une assez [illegible] avoient emprunté [illegible]

[illegible] la ville que [illegible] Romains au poste [illegible] Camille, indigné de [illegible] perfidie, [illegible] ses licteurs de le dépouiller [illegible] mains derrière le dos, il fit armer ses [illegible] dans la ville [illegible]

[illegible] assis à l'entrée d'une tente [illegible] des commandants [illegible] de son [illegible] Falerens [illegible] à ses pieds [illegible] position [illegible] les mains liées

N° 14 Pl. XVI

Dessiné et Gravé à l'eau forte par F. Massard

LE MAÎTRE DES FALISQUES.

derriere le dos, un licteur lui fait reprendre la route de Falcries; il est entouré de ses éleves qui, en le frappant des verges dont ils sont armés, semblent partager le mouvement d'indignation que ressent le généreux Romain pour une si noire trahison.

Le Poussin a emprunté dans ce tableau le style de Jules-Romain; la distribution de ses groupes, le caractere du dessin rappellent toute la fierté de ce maître. Il a fait deux tableaux sur ce sujet qui different dans la composition et la mesure: il fit le plus grand, en 1637, pour la galerie de M. de La Vrilliere, secrétaire d'état; plusieurs années après il en fit un plus petit pour M. Passart, maître des comptes, que l'on ne pouvoit regarder que comme une esquisse avancée: la gravure à l'eau-forte que nous donnons ici est la traduction de ce dernier.

N° 15.

PLANCHE XVII.

PORTRAIT DE JULE ROSPIGLIOSI.

Jule Rospigliosi, d'une famille noble de Pistoie dans les états du grand duc de Florence, naquit l'an 1599. Urbain VIII, qui avoit un merveilleux discernement, l'employa pour être auditeur de la légation du cardinal Barberin son neveu, et l'envoya depuis nonce en Espagne, où il fut continué pendant onze années. Son mérite lui attira l'estime de sa majesté catholique jusqu'à le prier de nommer une de ses filles au baptême. Après la mort d'Urbain VIII, arrivée en 1644, il fut rappelé de cette nonciature, et pendant le conclave pour l'élection d'Alexandre VIII le sacré college lui déféra le gouvernement de Rome. Le nouveau pape le nomma cardinal après l'avoir fait son secrétaire. Après sa mort Rospigliosi fut mis sur le trône de S. Pierre, le 20 juin 1667, sous le nom de Clément IX.

Rospigliosi, monté à cette haute dignité, ne suivit en rien les traces de ses derniers prédécesseurs, et pendant son pontificat, qui ne fut pas de longue durée, il mena la vie la plus exemplaire: il signala les premiers pas de sa puissance par soulager les peuples de l'état ecclésiastique des impôts considérables dont ils étoient grevés; il donna des évêques au Portugal qui en étoit privé depuis long-temps par les intrigues des Espagnols; il appaisa les querelles des théologiens à l'occasion du livre de Jansénius; il employa tous ses soins à réconcilier les rois de France et d'Espagne, et fut un des médiateurs de la paix conclue entre ces deux puissances à Aix-la-Chapelle en 1668. Ce fut encore Clément IX qui cannonisa S. Pierre d'Alcantara, religieux de l'ordre de S. François, et Magdeleine de Pazzi, carmélite. Enfin Jule Rospigliosi, après avoir employé ses rares mérites pour le bonheur de son pays, et la plus grande partie de ses biens pour envoyer des secours par-tout où il les croyoit nécessaires, mourut le 9 décembre 1669, en sa soixante-onzieme année, après deux ans cinq mois dix-neuf jours de pontificat.

M. Peron, artiste françois, nous a procuré ce portrait, qui est aussi rare que précieux par la raison que le Poussin en a très peu fait. Nous avons conservé dans la gravure le costume papal, qui a été ajouté sur le modele par une main étrangere, puisque Rospigliosi ne fut élu pape que deux ans après la mort du Poussin.

N° 16.

PLANCHE XVIII.

UN PHILOSOPHE ÉCRIVANT SUR LE DOS D'UN JEUNE HOMME QUI LUI SERT DE PUPÎTRE.

Les amateurs et les gens de goût verront toujours avec intérêt les premieres pensées d'un grand homme sous un crayon fugitif:

[illegible]

N° 16.

PLANCHE XVI.

[illegible]

N° 15. Pl. XVII.

Dessiné par F. Massard *Gravé à l'eau forte par A. Massard* *Terminé par Massard l'aîné*

PORTRAIT DE JULES ROSPIGLIOSI.

N° 16 Pl. XVIII.

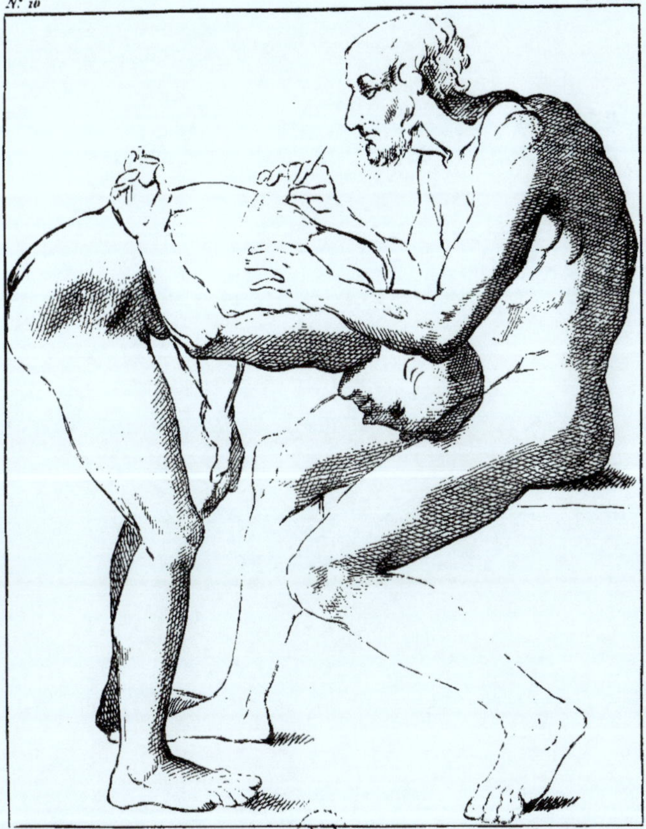

Dessiné par F. Massard Gravé à l'eau forte par Massard père

LE PUPITRE D'UN PHILOSOPHE.

N° 17. Pl. XIX

Dessiné par F. Massard Gravé par Massard père

LA MANE.

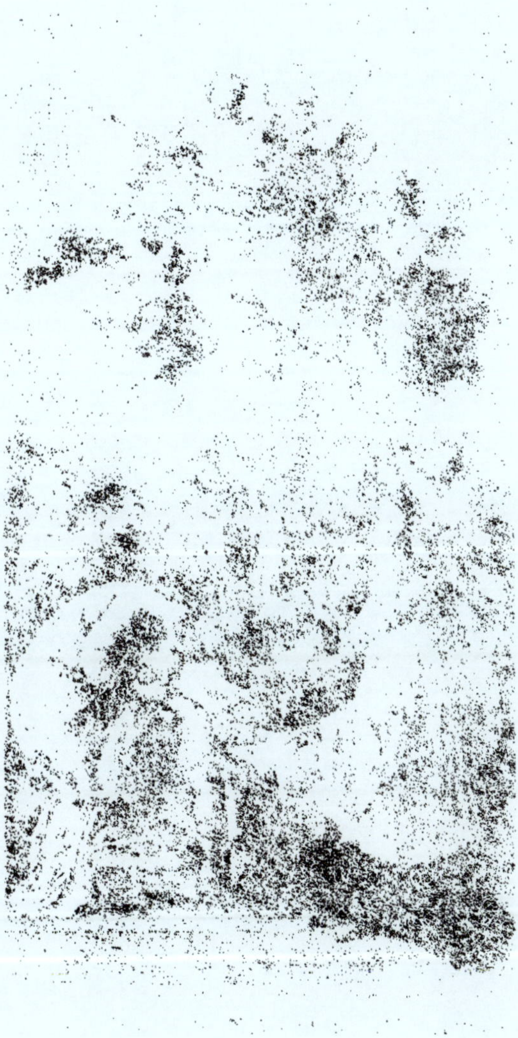

N.° 18. Pl. XX.

Dessiné par F. Massard — Gravé à l'eau-forte par A. Massard. — Terminé au burin par Massard père

ST. FRANÇOIS XAVIER AU JAPON.

N° 10. Pl. XXI.

Dessiné par F. Massard *Gravé à l'eau-f. par J. Massard* *Terminé au burin par Massard l'aîné*

VISION DE S.te FRANÇOISE.

N° 20. Pl. XXII

Dessiné par F. Massard Gravé par Massard l'aîné

MOYSE SAUVÉ DES EAUX.

N° 21. Pl. XXIII.

Dessiné par F. Massard *Gravé à l'eau-forte par A. Massard* *Terminé au burin par Massard l'aîné*

L'ECHO.

N° 22

Pl. XXIV.

Gravé par F. Massard

LE BERGER PARIS.

N° 23. Pl XXV

Dessiné par F. Massard — Gravé à l'eau f. par A. Massard — Terminé par Massard l'aîné

LA FEMME ADULTÈRE.

N° 24. Pl. XXVI

Dessiné par F. Massard — Gravé à l'eau forte par A. Massard — Terminé par Massard père

VALLON DES ENVIRONS D'ATHÈNES.

N° 25. Pl. XXVII.

Dessiné par F. Massard *Gravé à l'eau-forte par A. Massard* *Terminé par Massard l'aîné*

L'ASSOMPTION DE LA VIERGE.

N°. 26. Pl. XXVIII

Dessiné par F. Massard — Gravé à l'eau forte par F. Massard — Terminé par Massard père

RÉBECCA ET ELIÉZER.

N° 27 | Pl. XXIX

Dessiné par F. Massard | Gravé à l'eau forte par A. Massard | Terminé par Massard père

MORT DE NARCISSE.

Gravé par F. Massard.

LES RUINES.

www.ingramcontent.com/pod-product-compliance
Ingram Content Group UK Ltd.
Pitfield, Milton Keynes, MK11 3LW, UK
UKHW031849260826
14628UKWH00002B/672

9 782329 553092